When I Am Gloomy
När Jag Är Dyster

Sam Sagolski
Illustrated by Daria Smyslova

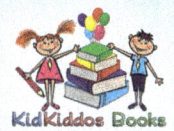

www.kidkiddos.com
Copyright ©2025 by KidKiddos Books Ltd.
support@kidkiddos.com

All rights reserved. No part of this book may be reproduced in any form or by any electronic or mechanical means, including information storage and retrieval systems, without written permission from the publisher, except in the case of a reviewer, who may quote brief passages embodied in critical articles or in a review.
First edition, 2025

Translated from English by Simona Stojkovski
Översatt från engelska av Simona Stojkovski

Library and Archives Canada Cataloguing in Publication
When I Am Gloomy (English Swedish Bilingual edition)/Shelley Admont
ISBN: 978-1-0497-0185-1 paperback
ISBN: 978-1-0497-0186-8 hardcover
ISBN: 978-1-0497-0187-5 eBook

Please note that the English and Swedish versions of the story have been written to be as close as possible. However, in some cases they differ in order to accommodate nuances and fluidity of each language.

One cloudy morning, I woke up feeling gloomy.
En molnig morgon vaknade jag och kände mig dyster.

I got out of bed, wrapped myself in my favorite blanket, and walked into the living room.
Jag gick upp ur sängen, svepte in mig i min favoritfilt och gick in i vardagsrummet.

"Mommy!" I called. "I'm in a bad mood."
"Mamma!" ropade jag. "Jag är på dåligt humör."

Mom looked up from her book. "Bad? Why do you say that, darling?" she asked.
Mamma tittade upp från sin bok. "Dåligt? Varför säger du så, älskling?" frågade hon.

"Look at my face!" I said, pointing to my furrowed brows. Mom smiled gently.
"Titta på mitt ansikte!" sa jag och pekade på mina rynkade ögonbryn. Mamma log milt.

"I don't have a happy face today," I mumbled. "Do you still love me when I'm gloomy?"
"Jag har inte ett glatt ansikte idag", mumlade jag. "Älskar du mig fortfarande när jag är dyster?"

"Of course I do," Mom said. "When you're gloomy, I want to be close to you, give you a big hug, and cheer you up."

"Självklart", sa mamma. "När du är dyster vill jag vara nära dig, ge dig en stor kram och muntra upp dig."

That made me feel a little better, but only for a second, because then I started thinking about all my other moods.

Det fick mig att må lite bättre, men bara för ett ögonblick, för då började jag tänka på alla mina andra humör.

"So... do you still love me when I'm angry?"
"Så... älskar du mig fortfarande när jag är arg?"

Mom smiled again. "Of course I do!"
Mamma log igen. "Självklart!"

"Are you sure?" I asked, crossing my arms.
"Är du säker?" frågade jag och korsade armarna.

"Even when you're mad, I'm still your mom. And I love you just the same."

"Även när du är arg, är jag fortfarande din mamma. Och jag älskar dig lika mycket."

I took a big breath. "What about when I'm shy?" I whispered.

Jag tog ett djupt andetag. "Vad händer när jag är blyg?" viskade jag.

"I love you when you're shy too," she said. "Remember when you hid behind me and didn't want to talk to the new neighbor?"

"Jag älskar dig när du är blyg också", sa hon. "Kommer du ihåg när du gömde dig bakom mig och inte ville prata med den nya grannen?"

I nodded. I remembered it well.

Jag nickade. Jag mindes det väl.

"And then you said hello and made a new friend. I was so proud of you."

"Och sedan sa du hej och fick en ny vän. Jag var så stolt över dig."

"Do you still love me when I ask too many questions?" I continued.

"Älskar du mig fortfarande när jag ställer för många frågor?" fortsatte jag.

"When you ask a lot of questions, like now, I get to watch you learn new things that make you smarter and stronger every day," Mom answered. "And yes, I still love you."

"När du ställer många frågor, som nu, får jag se dig lära dig nya saker som gör dig smartare och starkare varje dag", svarade mamma. "Och ja, jag älskar dig fortfarande."

"What if I don't feel like talking at all?" I continued asking.
"Tänk om jag inte alls känner för att prata?" fortsatte jag fråga.

"Come here," she said. I climbed into her lap and rested my head on her shoulder.
"Kom hit", sa hon. Jag klättrade upp i hennes knä och vilade huvudet mot hennes axel.

"When you don't feel like talking and just want to be quiet, you start using your imagination. I love seeing what you create," Mom answered.

"När man inte känner för att prata och bara vill vara tyst börjar man använda fantasin. Jag älskar att se vad du skapar", svarade mamma.

Then she whispered in my ear, "I love you when you're quiet too."

Sedan viskade hon i mitt öra: "Jag älskar dig när du är tyst också."

"But do you still love me when I'm afraid?" I asked.

"Men älskar du mig fortfarande när jag är rädd?" frågade jag.

"Always," said Mom. "When you're scared, I help you check that there are no monsters under the bed or in the closet."

"Alltid", sa mamma. "När du är rädd hjälper jag dig att kontrollera att det inte finns några monster under sängen eller i garderoben."

She kissed me on the forehead. "You are so brave, my sweetheart."

Hon kysste mig på pannan. "Du är så modig, min älskling."

"And when you're tired," she added softly, "I cover you with your blanket, bring you your teddy bear, and sing you our special song."

"Och när du är trött", tillade hon mjukt, "täcker jag över dig med din filt, ger dig din nallebjörn och sjunger vår speciella sång."

"What if I have too much energy?" I asked, jumping to my feet.

"Tänk om jag har för mycket energi?" frågade jag och hoppade upp.

She laughed. "When you're full of energy, we go biking, skip rope, or run around outside together. I love doing all those things with you!"

Hon skrattade. "När du är full av energi cyklar vi, hoppar hopprep eller springer runt utomhus tillsammans. Jag älskar att göra alla dessa saker med dig!"

"But do you love me when I don't want to eat broccoli?" I stuck out my tongue.

"Men, älskar du mig när jag inte vill äta broccoli?" Jag sträckte ut tungan.

Mom chuckled. "Like that time you slipped your broccoli to Max? He liked it a lot."

Mamma fnissade. "Som den gången du gav Max din broccoli? Han gillade den mycket."

"You saw that?" I asked.
"Såg du det?" frågade jag.

"Of course I did. And I still love you, even then."
"Självklart gjorde jag det. Och jag älskar dig fortfarande, även då."

I thought for a moment, then asked one last question:
Jag tänkte efter en stund och ställde sedan en sista fråga:

"Mommy, if you love me when I'm gloomy or mad… do you still love me when I'm happy?"
"Mamma, om du älskar mig när jag är dyster eller arg … älskar du mig fortfarande när jag är glad?"

"Oh, sweetheart," she said, hugging me again, "when you're happy, I'm happy too."
"Åh, älskling", sa hon och kramade mig igen, "när du är glad, är jag också glad."

She kissed me on the forehead and added, "I love you when you're happy just as much as I love you when you're sad, or mad, or shy, or tired."
Hon kysste mig på pannan och tillade: "Jag älskar dig när du är glad lika mycket som jag älskar dig när du är ledsen, arg, blyg eller trött."

I snuggled close and smiled. "So… you love me all the time?" I asked.

Jag myste tätt intill henne och log. "Så… du älskar mig hela tiden?" frågade jag.

"All the time," she said. "Every mood, every day, I love you always."

"Hela tiden", sa hon. "Vid varje humör, varje dag, jag älskar dig alltid."

As she spoke, I started feeling something warm in my heart.
Medan hon pratade började jag känna något varmt i hjärtat.

I looked outside and saw the clouds floating away. The sky was turning blue, and the sun came out.
Jag tittade ut och såg molnen sväva bort. Himlen blev blå och solen kom fram.

It looked like it was going to be a beautiful day after all.
Det såg ut som att det skulle bli en vacker dag trots allt.